ADRESSBUCH
FRAUEN

Das Pocket Size Adressbuch

www.journalsrus.com

Adressbuch für Frauen
Copyright © 2016 Ciparum LLC
All rights reserved.
ISBN-10:1-63589-142-6
ISBN-13:978-1-63589-142-3

Inhaltsverzeichnis

Name	Seite	Name	Seite
Max Mustermann	*24*		

Name	Seite		Name	Seite

Name	Seite	Name	Seite

THIS PAGE IS INTENTIONALLY
LEFT BLANK.

NAME..

ADDRESSE..

....

MOBIL ....

ZUHAUSE#..

ARBEIT #...

FAX...

EMAIL..

NAME..

ADDRESSE..

....

MOBIL ....

ZUHAUSE#..

ARBEIT #...

FAX...

EMAIL..

NAME..

ADDRESSE..

....

MOBIL ....

ZUHAUSE#..

ARBEIT #...

FAX...

EMAIL..

NOTIZEN:

NAME..

ADDRESSE..

....

MOBIL ....

ZUHAUSE#..

ARBEIT #..

FAX..

EMAIL...

NAME..

ADDRESSE..

....

MOBIL ....

ZUHAUSE#..

ARBEIT #..

FAX..

EMAIL...

NAME..

ADDRESSE..

....

MOBIL ....

ZUHAUSE#..

ARBEIT #..

FAX..

EMAIL...

NOTIZEN:

NAME...

ADDRESSE...

....

MOBIL ....

ZUHAUSE#..

ARBEIT #..

FAX..

EMAIL...

NAME...

ADDRESSE...

....

MOBIL ....

ZUHAUSE#..

ARBEIT #..

FAX..

EMAIL...

NAME...

ADDRESSE...

....

MOBIL ....

ZUHAUSE#..

ARBEIT #..

FAX..

EMAIL...

NOTIZEN:

3

NAME..

ADDRESSE...

....

MOBIL ....

ZUHAUSE#...

ARBEIT #...

FAX...

EMAIL..

NAME..

ADDRESSE...

....

MOBIL ....

ZUHAUSE#...

ARBEIT #...

FAX...

EMAIL..

NAME..

ADDRESSE...

....

MOBIL ....

ZUHAUSE#...

ARBEIT #...

FAX...

EMAIL..

NOTIZEN:

4

NAME...

ADDRESSE..

....

MOBIL ....

ZUHAUSE#...

ARBEIT #..

FAX..

EMAIL..

NAME...

ADDRESSE..

....

MOBIL ....

ZUHAUSE#...

ARBEIT #..

FAX..

EMAIL..

NAME...

ADDRESSE..

....

MOBIL ....

ZUHAUSE#...

ARBEIT #..

FAX..

EMAIL..

NOTIZEN:

NAME...

ADDRESSE...

....

MOBIL ....

ZUHAUSE#...

ARBEIT #..

FAX..

EMAIL...

NAME...

ADDRESSE...

....

MOBIL ....

ZUHAUSE#...

ARBEIT #..

FAX..

EMAIL...

NAME...

ADDRESSE...

....

MOBIL ....

ZUHAUSE#...

ARBEIT #..

FAX..

EMAIL...

NOTIZEN:

NAME...

ADDRESSE..

....

MOBIL ....

ZUHAUSE#...

ARBEIT #..

FAX...

EMAIL..

NAME...

ADDRESSE..

....

MOBIL ....

ZUHAUSE#...

ARBEIT #..

FAX...

EMAIL..

NAME...

ADDRESSE..

....

MOBIL ....

ZUHAUSE#...

ARBEIT #..

FAX...

EMAIL..

<u>**NOTIZEN:**</u>

NAME..

ADDRESSE..

....

MOBIL ....

ZUHAUSE#..

ARBEIT #..

FAX..

EMAIL...

NAME..

ADDRESSE..

....

MOBIL ....

ZUHAUSE#..

ARBEIT #..

FAX..

EMAIL...

NAME..

ADDRESSE..

....

MOBIL ....

ZUHAUSE#..

ARBEIT #..

FAX..

EMAIL...

NOTIZEN:

NAME...

ADDRESSE...

....

MOBIL ....

ZUHAUSE#...

ARBEIT #...

FAX..

EMAIL...

NAME...

ADDRESSE...

....

MOBIL ....

ZUHAUSE#...

ARBEIT #...

FAX..

EMAIL...

NAME...

ADDRESSE...

....

MOBIL ....

ZUHAUSE#...

ARBEIT #...

FAX..

EMAIL...

NOTIZEN:

NAME...
ADDRESSE...
....
MOBIL ....
ZUHAUSE#..
ARBEIT #..
FAX...
EMAIL..

NAME...
ADDRESSE...
....
MOBIL ....
ZUHAUSE#..
ARBEIT #..
FAX...
EMAIL..

NAME...
ADDRESSE...
....
MOBIL ....
ZUHAUSE#..
ARBEIT #..
FAX...
EMAIL..

NOTIZEN:

NAME..

ADDRESSE..

....

MOBIL ....

ZUHAUSE#..

ARBEIT #..

FAX...

EMAIL..

NAME..

ADDRESSE..

....

MOBIL ....

ZUHAUSE#..

ARBEIT #..

FAX...

EMAIL..

NAME..

ADDRESSE..

....

MOBIL ....

ZUHAUSE#..

ARBEIT #..

FAX...

EMAIL..

NOTIZEN:

NAME...

ADDRESSE...
....

MOBIL ....

ZUHAUSE#...

ARBEIT #..

FAX...

EMAIL..

NAME...

ADDRESSE...
....

MOBIL ....

ZUHAUSE#...

ARBEIT #..

FAX...

EMAIL..

NAME...

ADDRESSE...
....

MOBIL ....

ZUHAUSE#...

ARBEIT #..

FAX...

EMAIL..

NOTIZEN:

NAME...

ADDRESSE..

....

MOBIL ....

ZUHAUSE#...

ARBEIT #...

FAX..

EMAIL...

NAME...

ADDRESSE..

....

MOBIL ....

ZUHAUSE#...

ARBEIT #...

FAX..

EMAIL...

NAME...

ADDRESSE..

....

MOBIL ....

ZUHAUSE#...

ARBEIT #...

FAX..

EMAIL...

<u>NOTIZEN:</u>

NAME..

ADDRESSE..

....

MOBIL ....

ZUHAUSE#...

ARBEIT #...

FAX...

EMAIL...

NAME..

ADDRESSE..

....

MOBIL ....

ZUHAUSE#...

ARBEIT #...

FAX...

EMAIL...

NAME..

ADDRESSE..

....

MOBIL ....

ZUHAUSE#...

ARBEIT #...

FAX...

EMAIL...

NOTIZEN:

NAME...

ADDRESSE...

....

MOBIL ....

ZUHAUSE#..

ARBEIT #..

FAX...

EMAIL..

NAME...

ADDRESSE...

....

MOBIL ....

ZUHAUSE#..

ARBEIT #..

FAX...

EMAIL..

NAME...

ADDRESSE...

....

MOBIL ....

ZUHAUSE#..

ARBEIT #..

FAX...

EMAIL..

NOTIZEN:

NAME..

ADDRESSE...

....

MOBIL ....

ZUHAUSE#..

ARBEIT #..

FAX...

EMAIL..

NAME..

ADDRESSE...

....

MOBIL ....

ZUHAUSE#..

ARBEIT #..

FAX...

EMAIL..

NAME..

ADDRESSE...

....

MOBIL ....

ZUHAUSE#..

ARBEIT #..

FAX...

EMAIL..

<u>**NOTIZEN:**</u>

NAME..

ADDRESSE..

....

MOBIL ....

ZUHAUSE#..

ARBEIT #...

FAX..

EMAIL..

NAME..

ADDRESSE..

....

MOBIL ....

ZUHAUSE#..

ARBEIT #...

FAX..

EMAIL..

NAME..

ADDRESSE..

....

MOBIL ....

ZUHAUSE#..

ARBEIT #...

FAX..

EMAIL..

NOTIZEN:

NAME..

ADDRESSE...

....

MOBIL ....

ZUHAUSE#..

ARBEIT #..

FAX..

EMAIL...

NAME..

ADDRESSE...

....

MOBIL ....

ZUHAUSE#..

ARBEIT #..

FAX..

EMAIL...

NAME..

ADDRESSE...

....

MOBIL ....

ZUHAUSE#..

ARBEIT #..

FAX..

EMAIL...

<u>**NOTIZEN:**</u>

NAME...

ADDRESSE..

....

MOBIL ....

ZUHAUSE#..

ARBEIT #..

FAX..

EMAIL...

NAME...

ADDRESSE..

....

MOBIL ....

ZUHAUSE#..

ARBEIT #..

FAX..

EMAIL...

NAME...

ADDRESSE..

....

MOBIL ....

ZUHAUSE#..

ARBEIT #..

FAX..

EMAIL...

NOTIZEN:

NAME..

ADDRESSE...

....

MOBIL ....

ZUHAUSE#...

ARBEIT #..

FAX..

EMAIL...

NAME..

ADDRESSE...

....

MOBIL ....

ZUHAUSE#...

ARBEIT #..

FAX..

EMAIL...

NAME..

ADDRESSE...

....

MOBIL ....

ZUHAUSE#...

ARBEIT #..

FAX..

EMAIL...

NOTIZEN:

NAME..

ADDRESSE..

....

MOBIL ....

ZUHAUSE#...

ARBEIT #...

FAX...

EMAIL..

NAME..

ADDRESSE..

....

MOBIL ....

ZUHAUSE#...

ARBEIT #...

FAX...

EMAIL..

NAME..

ADDRESSE..

....

MOBIL ....

ZUHAUSE#...

ARBEIT #...

FAX...

EMAIL..

NOTIZEN:

NAME...

ADDRESSE..

....

MOBIL ....

ZUHAUSE#..

ARBEIT #...

FAX...

EMAIL..

NAME...

ADDRESSE..

....

MOBIL ....

ZUHAUSE#..

ARBEIT #...

FAX...

EMAIL..

NAME...

ADDRESSE..

....

MOBIL ....

ZUHAUSE#..

ARBEIT #...

FAX...

EMAIL..

<u>**NOTIZEN:**</u>

NAME...

ADDRESSE..

....

MOBIL ....

ZUHAUSE#..

ARBEIT #...

FAX...

EMAIL..

NAME...

ADDRESSE..

....

MOBIL ....

ZUHAUSE#..

ARBEIT #...

FAX...

EMAIL..

NAME...

ADDRESSE..

....

MOBIL ....

ZUHAUSE#..

ARBEIT #...

FAX...

EMAIL..

NOTIZEN:

NAME...

ADDRESSE...

....

MOBIL ....

ZUHAUSE#...

ARBEIT #..

FAX...

EMAIL...

NAME...

ADDRESSE...

....

MOBIL ....

ZUHAUSE#...

ARBEIT #..

FAX...

EMAIL...

NAME...

ADDRESSE...

....

MOBIL ....

ZUHAUSE#...

ARBEIT #..

FAX...

EMAIL...

<u>**NOTIZEN:**</u>

NAME..
ADDRESSE...
....
MOBIL ....
ZUHAUSE#..
ARBEIT #..
FAX...
EMAIL...

NAME..
ADDRESSE...
....
MOBIL ....
ZUHAUSE#..
ARBEIT #..
FAX...
EMAIL...

NAME..
ADDRESSE...
....
MOBIL ....
ZUHAUSE#..
ARBEIT #..
FAX...
EMAIL...

NOTIZEN:

NAME...

ADDRESSE..

....

MOBIL ....

ZUHAUSE#..

ARBEIT #...

FAX...

EMAIL..

NAME...

ADDRESSE..

....

MOBIL ....

ZUHAUSE#..

ARBEIT #...

FAX...

EMAIL..

NAME...

ADDRESSE..

....

MOBIL ....

ZUHAUSE#..

ARBEIT #...

FAX...

EMAIL..

<u>**NOTIZEN:**</u>

NAME...

ADDRESSE..

....

MOBIL ....

ZUHAUSE#...

ARBEIT #...

FAX...

EMAIL..

NAME...

ADDRESSE..

....

MOBIL ....

ZUHAUSE#...

ARBEIT #...

FAX...

EMAIL..

NAME...

ADDRESSE..

....

MOBIL ....

ZUHAUSE#...

ARBEIT #...

FAX...

EMAIL..

NOTIZEN:

NAME...

ADDRESSE...

....

MOBIL ....

ZUHAUSE#...

ARBEIT #..

FAX...

EMAIL..

NAME...

ADDRESSE...

....

MOBIL ....

ZUHAUSE#...

ARBEIT #..

FAX...

EMAIL..

NAME...

ADDRESSE...

....

MOBIL ....

ZUHAUSE#...

ARBEIT #..

FAX...

EMAIL..

NOTIZEN:

NAME..

ADDRESSE..

....

MOBIL ....

ZUHAUSE#...

ARBEIT #..

FAX...

EMAIL...

NAME..

ADDRESSE..

....

MOBIL ....

ZUHAUSE#...

ARBEIT #..

FAX...

EMAIL...

NAME..

ADDRESSE..

....

MOBIL ....

ZUHAUSE#...

ARBEIT #..

FAX...

EMAIL...

<u>**NOTIZEN:**</u>

NAME..

ADDRESSE...

....

MOBIL ....

ZUHAUSE#..

ARBEIT #..

FAX...

EMAIL...

NAME..

ADDRESSE...

....

MOBIL ....

ZUHAUSE#..

ARBEIT #..

FAX...

EMAIL...

NAME..

ADDRESSE...

....

MOBIL ....

ZUHAUSE#..

ARBEIT #..

FAX...

EMAIL...

NOTIZEN:

NAME..

ADDRESSE...

....

MOBIL ....

ZUHAUSE#..

ARBEIT #...

FAX...

EMAIL..

NAME..

ADDRESSE...

....

MOBIL ....

ZUHAUSE#..

ARBEIT #...

FAX...

EMAIL..

NAME..

ADDRESSE...

....

MOBIL ....

ZUHAUSE#..

ARBEIT #...

FAX...

EMAIL..

NOTIZEN:

NAME...

ADDRESSE...

....

MOBIL ....

ZUHAUSE#...

ARBEIT #...

FAX...

EMAIL..

NAME...

ADDRESSE...

....

MOBIL ....

ZUHAUSE#...

ARBEIT #...

FAX...

EMAIL..

NAME...

ADDRESSE...

....

MOBIL ....

ZUHAUSE#...

ARBEIT #...

FAX...

EMAIL..

NOTIZEN:

NAME..

ADDRESSE..

....

MOBIL ....

ZUHAUSE#...

ARBEIT #..

FAX...

EMAIL...

NAME..

ADDRESSE..

....

MOBIL ....

ZUHAUSE#...

ARBEIT #..

FAX...

EMAIL...

NAME..

ADDRESSE..

....

MOBIL ....

ZUHAUSE#...

ARBEIT #..

FAX...

EMAIL...

NOTIZEN:

NAME..

ADDRESSE...

....

MOBIL ....

ZUHAUSE#..

ARBEIT #...

FAX..

EMAIL..

NAME..

ADDRESSE...

....

MOBIL ....

ZUHAUSE#..

ARBEIT #...

FAX..

EMAIL..

NAME..

ADDRESSE...

....

MOBIL ....

ZUHAUSE#..

ARBEIT #...

FAX..

EMAIL..

NOTIZEN:

NAME...

ADDRESSE..

....

MOBIL ....

ZUHAUSE#...

ARBEIT #...

FAX..

EMAIL..

NAME...

ADDRESSE..

....

MOBIL ....

ZUHAUSE#...

ARBEIT #...

FAX..

EMAIL..

NAME...

ADDRESSE..

....

MOBIL ....

ZUHAUSE#...

ARBEIT #...

FAX..

EMAIL..

NOTIZEN:

NAME...

ADDRESSE...

....

MOBIL ....

ZUHAUSE#..

ARBEIT #..

FAX...

EMAIL...

NAME...

ADDRESSE...

....

MOBIL ....

ZUHAUSE#..

ARBEIT #..

FAX...

EMAIL...

NAME...

ADDRESSE...

....

MOBIL ....

ZUHAUSE#..

ARBEIT #..

FAX...

EMAIL...

NOTIZEN:

NAME..
ADDRESSE...
....
MOBIL ....
ZUHAUSE#...
ARBEIT #..
FAX..
EMAIL...

NAME..
ADDRESSE...
....
MOBIL ....
ZUHAUSE#...
ARBEIT #..
FAX..
EMAIL...

NAME..
ADDRESSE...
....
MOBIL ....
ZUHAUSE#...
ARBEIT #..
FAX..
EMAIL...

NOTIZEN:

NAME...
ADDRESSE...
....
MOBIL ....
ZUHAUSE#..
ARBEIT #..
FAX...
EMAIL..

NAME...
ADDRESSE...
....
MOBIL ....
ZUHAUSE#..
ARBEIT #..
FAX...
EMAIL..

NAME...
ADDRESSE...
....
MOBIL ....
ZUHAUSE#..
ARBEIT #..
FAX...
EMAIL..

NOTIZEN:

NAME...

ADDRESSE..

....

MOBIL ....

ZUHAUSE#...

ARBEIT #..

FAX...

EMAIL..

NAME...

ADDRESSE..

....

MOBIL ....

ZUHAUSE#...

ARBEIT #..

FAX...

EMAIL..

NAME...

ADDRESSE..

....

MOBIL ....

ZUHAUSE#...

ARBEIT #..

FAX...

EMAIL..

NOTIZEN:

NAME...

ADDRESSE...

....

MOBIL ....

ZUHAUSE#..

ARBEIT #...

FAX...

EMAIL...

NAME...

ADDRESSE...

....

MOBIL ....

ZUHAUSE#..

ARBEIT #...

FAX...

EMAIL...

NAME...

ADDRESSE...

....

MOBIL ....

ZUHAUSE#..

ARBEIT #...

FAX...

EMAIL...

NOTIZEN:

NAME...

NAME...

ADDRESSE...

....

MOBIL ....

ZUHAUSE#...

ARBEIT #..

FAX...

EMAIL..

NAME...

ADDRESSE...

....

MOBIL ....

ZUHAUSE#...

ARBEIT #..

FAX...

EMAIL..

NAME...

ADDRESSE...

....

MOBIL ....

ZUHAUSE#...

ARBEIT #..

FAX...

EMAIL..

NOTIZEN:

NAME..
ADDRESSE..
....
MOBIL ....
ZUHAUSE#..
ARBEIT #..
FAX...
EMAIL..

NAME..
ADDRESSE..
....
MOBIL ....
ZUHAUSE#..
ARBEIT #..
FAX...
EMAIL..

NAME..
ADDRESSE..
....
MOBIL ....
ZUHAUSE#..
ARBEIT #..
FAX...
EMAIL..

NOTIZEN:

NAME...

ADDRESSE...

....

MOBIL ....

ZUHAUSE#...

ARBEIT #...

FAX..

EMAIL..

NAME...

ADDRESSE...

....

MOBIL ....

ZUHAUSE#...

ARBEIT #...

FAX..

EMAIL..

NAME...

ADDRESSE...

....

MOBIL ....

ZUHAUSE#...

ARBEIT #...

FAX..

EMAIL..

<u>**NOTIZEN:**</u>

NAME..

ADDRESSE..

....

MOBIL ....

ZUHAUSE#..

ARBEIT #..

FAX..

EMAIL..

NAME..

ADDRESSE..

....

MOBIL ....

ZUHAUSE#..

ARBEIT #..

FAX..

EMAIL..

NAME..

ADDRESSE..

....

MOBIL ....

ZUHAUSE#..

ARBEIT #..

FAX..

EMAIL..

NOTIZEN:

NAME..

ADDRESSE..

....

MOBIL ....

ZUHAUSE#...

ARBEIT #...

FAX..

EMAIL..

NAME..

ADDRESSE..

....

MOBIL ....

ZUHAUSE#...

ARBEIT #...

FAX..

EMAIL..

NAME..

ADDRESSE..

....

MOBIL ....

ZUHAUSE#...

ARBEIT #...

FAX..

EMAIL..

NOTIZEN:

NAME...

ADDRESSE..

....

MOBIL ....

ZUHAUSE#..

ARBEIT #..

FAX...

EMAIL..

NAME...

ADDRESSE..

....

MOBIL ....

ZUHAUSE#..

ARBEIT #..

FAX...

EMAIL..

NAME...

ADDRESSE..

....

MOBIL ....

ZUHAUSE#..

ARBEIT #..

FAX...

EMAIL..

NOTIZEN:

NAME...

ADDRESSE..

....

MOBIL ....

ZUHAUSE#...

ARBEIT #..

FAX...

EMAIL...

NAME...

ADDRESSE..

....

MOBIL ....

ZUHAUSE#...

ARBEIT #..

FAX...

EMAIL...

NAME...

ADDRESSE..

....

MOBIL ....

ZUHAUSE#...

ARBEIT #..

FAX...

EMAIL...

<u>NOTIZEN</u>:

NAME..

ADDRESSE...

....

MOBIL ....

ZUHAUSE#..

ARBEIT #...

FAX..

EMAIL...

NAME..

ADDRESSE...

....

MOBIL ....

ZUHAUSE#..

ARBEIT #...

FAX..

EMAIL...

NAME..

ADDRESSE...

....

MOBIL ....

ZUHAUSE#..

ARBEIT #...

FAX..

EMAIL...

NOTIZEN:

NAME...

ADDRESSE...

....

MOBIL ....

ZUHAUSE#..

ARBEIT #..

FAX...

EMAIL..

NAME...

ADDRESSE...

....

MOBIL ....

ZUHAUSE#..

ARBEIT #..

FAX...

EMAIL..

NAME...

ADDRESSE...

....

MOBIL ....

ZUHAUSE#..

ARBEIT #..

FAX...

EMAIL..

NOTIZEN:

NAME..

ADDRESSE..

....

MOBIL ....

ZUHAUSE#...

ARBEIT #..

FAX..

EMAIL...

NAME..

ADDRESSE..

....

MOBIL ....

ZUHAUSE#...

ARBEIT #..

FAX..

EMAIL...

NAME..

ADDRESSE..

....

MOBIL ....

ZUHAUSE#...

ARBEIT #..

FAX..

EMAIL...

NOTIZEN:

NAME..
ADDRESSE..
....
MOBIL ....
ZUHAUSE#..
ARBEIT #..
FAX..
EMAIL...

NAME..
ADDRESSE..
....
MOBIL ....
ZUHAUSE#..
ARBEIT #..
FAX..
EMAIL...

NAME..
ADDRESSE..
....
MOBIL ....
ZUHAUSE#..
ARBEIT #..
FAX..
EMAIL...

NOTIZEN:

NAME..

ADDRESSE..

....

MOBIL ....

ZUHAUSE#...

ARBEIT #..

FAX..

EMAIL..

NAME..

ADDRESSE..

....

MOBIL ....

ZUHAUSE#...

ARBEIT #..

FAX..

EMAIL..

NAME..

ADDRESSE..

....

MOBIL ....

ZUHAUSE#...

ARBEIT #..

FAX..

EMAIL..

NOTIZEN:

NAME..

ADDRESSE...

....

MOBIL ....

ZUHAUSE#..

ARBEIT #...

FAX...

EMAIL..

NAME..

ADDRESSE...

....

MOBIL ....

ZUHAUSE#..

ARBEIT #...

FAX...

EMAIL..

NAME..

ADDRESSE...

....

MOBIL ....

ZUHAUSE#..

ARBEIT #...

FAX...

EMAIL..

NOTIZEN:

NAME..

ADDRESSE..

....

MOBIL ....

ZUHAUSE#...

ARBEIT #..

FAX...

EMAIL...

NAME..

ADDRESSE..

....

MOBIL ....

ZUHAUSE#...

ARBEIT #..

FAX...

EMAIL...

NAME..

ADDRESSE..

....

MOBIL ....

ZUHAUSE#...

ARBEIT #..

FAX...

EMAIL...

NOTIZEN:

NAME...

ADDRESSE...

....

MOBIL ....

ZUHAUSE#..

ARBEIT #...

FAX..

EMAIL..

NAME...

ADDRESSE...

....

MOBIL ....

ZUHAUSE#..

ARBEIT #...

FAX..

EMAIL..

NAME...

ADDRESSE...

....

MOBIL ....

ZUHAUSE#..

ARBEIT #...

FAX..

EMAIL..

NOTIZEN:

www.ingramcontent.com/pod-product-compliance
Lightning Source LLC
Chambersburg PA
CBHW060509220326
41598CB00025B/3612